Inhalt

Lebensmittelhandel - Umsatz steigt, Absatz sinkt

Kernthesen

Beitrag

Fallbeispiele

Zahlen und Fakten

Weiterführende Literatur

Impressum

… GENIOS BranchenWissen Nr. 04 vom 01.04.2014 …

Lebensmittelhandel - Umsatz steigt, Absatz sinkt

Markus Hofstetter

Kernthesen

- Das in 2013 erwirtschaftete Umsatzplus des deutschen Lebensmitteleinzelhandels war auf Preissteigerungen zurückzuführen.
- Aldi setzt seit Anfang 2014 die gesamte Konkurrenz mit Preissenkungswellen unter Druck.
- Die Top 30 des deutschen Lebensmitteleinzelhandels erhöhen ihren Anteil am gesamten Branchenerlös.
- Das Verbrauchervertrauen in die Lebensmitteleinzelhändler hat sich erhöht.

Beitrag

Lebensmitteleinzelhandel erwirtschaftet bei rückläufigem Absatz mehr Umsatz

Laut der Gesellschaft für Konsumforschung (GfK) war 2013 für den deutschen Lebensmitteleinzelhandel mit Super- und Verbrauchermärkten, Discountern und Drogeriemärkte das beste Jahr seit 2008. Die Umsatzzuwächse in der Branche beliefen sich auf durchschnittlich 2,7 Prozent. Ein Teil der Zuwächse ist auf Preiserhöhungen zurückzuführen. Denn die Mengennachfrage hat ihren Zenit überschritten und ist rückläufig. Bei einem ermittelten Preisanstieg von 3,2 Prozent für das gesamte FMCG-Sortiment inklusive Frische errechnet sich laut GfK für das vergangene Jahr ein Rückgang der nachgefragten Menge von einem halben Prozentpunkt. Für das Umsatzplus sind auch die gehobeneren Ansprüche der Verbraucher verantwortlich, die höherwertige und teurere Artikel gekauft hatten. Supermärkte und Discounter profitierten laut GfK 2013 am meisten von der gestiegenen Kauflust und steigerten ihre Umsätze um jeweils 3,2 Prozent. SB-Warenhäuser hinkten dagegen mit einem Plus von 0,7 Prozent weit hinterher. Abweichende Zahlen legen die Marktforscher von Trade Dimensions vor. Demnach belief sich der Bruttoumsatz im Lebensmitteleinzelhandel auf 239,56 Milliarden Euro. Die errechnete Wachstumsquote fällt allerdings mit 1,9 Prozent geringer aus als bei der GfK. Für 2012 vermeldete Trade Dimensions noch ein Plus von mit 2,5 Prozent. (1), (2), (3)

Aldi setzt die Konkurrenz mit Preissenkungswellen unter Druck

2014 soll sich laut GfK der Anstieg der Preise abschwächen. Die Marktforscher prognostizieren für das laufende Jahr eine nominale Umsatzsteigerung von 2,3 Prozent im Lebensmitteleinzelhandel und Drogeriemärkten bei weiter rückläufigen Absatzmengen. Aldi sorgt seit Jahresbeginn mit immer neuen Preissenkungswellen dafür, dass die Preise erstmals seit Jahren wieder auf breiter Front ins Rutschen geraten. Seit Januar hat der Discounter Schritt für Schritt die Preise für Eier, Instantkaffee, Frühstücks-Cerealien, Wein, Fisch, Butter und Fleisch gesenkt und damit die Konkurrenz unter Druck gesetzt. Für Aldi ist es wichtig, Preissignale zu setzen. Denn immer wieder sieht sich der Discounter durch Wettbewerber herausgefordert. So unterboten Rivalen wie Lidl immer wieder mit Sonderangeboten die Aldi-

Dauerpreise und kratzen damit am Billigimage des Unternehmens. Die Rotstiftaktionen von Aldi haben Auswirkungen auf andere Vertriebsschienen. Nicht nur Discounter wie Lidl und Norma ziehen mit, sondern auch die Supermarktkette Rewe mit der Eigenmarke Ja. Und ein Ende ist nicht abzusehen. Die GfK geht davon aus, dass sich der Wettbewerb im Lebensmitteleinzelhandel weiter verschärfen wird. (2), (3), (4), (5)

Die Top 30 des Lebensmitteleinzelhandels bauen ihre Marktmacht aus

Die Top 30 des deutschen Lebensmitteleinzelhandels haben 2013 ihre Marktmacht ausgebaut. Im Vergleich zum Vorjahr haben sie laut Trade Dimensions ihren Umsatz um 2,6 Prozent auf 234,12 Milliarden Euro erhöht. 2012 lag das Umsatzplus noch bei 2,1 Prozent. Damit stehen sich nun für 97,7 Prozent des gesamten Branchenerlöses. Deutschlands größter Lebensmittelhändler Edeka hat 2013 seinen Vorsprung weiter ausgebaut. Die Gruppe erwirtschaftete einen Food-Umsatz von rund 46,09 Milliarden Euro, ein Plus von 3,4 Prozent. Der Abstand zum Zweiten Rewe mit knapp über 26,81 Milliarden Euro Food-Umsatz, dies entspricht einem

Wachstum von 2,2 Prozent, ist damit weiter gewachsen. Es folgen die Schwarz-Gruppe, die den Food-Umsatz um 4,9 Prozent auf 26 Milliarden Euro erhöhte, und die Aldi-Gruppe mit einem Food-Umsatz von 21,37 Milliarden Euro, was einem Wachstum von 3,6 Prozent entspricht. Weiter auf dem absteigenden Ast ist die Metro-Gruppe. Deren Food-Umsatz ging um 2,1 Prozent auf gut elf Milliarden Euro zurück.

Auch 2013 wirkt der Schlecker-Abgang noch nach. Die beiden Drogeriemärkte dm und Rossmann wuchsen deswegen und aufgrund eigener Expansion mit 14,3 beziehungsweise 12,1 Prozent zweistellig. Erster kommt auf rund 5,8 Milliarden Euro Gesamtumsatz, letzter auf knapp fünf Milliarden Euro. Rossmann ist damit an Globus vorbeigezogen, das Unternehmen erwirtschaftete einen Gesamtumsatz von knapp 4,6 Milliarden Euro. Die Wachstumsdimensionen der Drogeriemärkte können nur noch die Biospezialisten Dennree mit 15 Prozent und Alnatura mit 15,1 Prozent übertreffen. (1), (12), [Abb. 1]

Bio weiter auf Wachstumskurs

Im Jahr 2013 gaben die deutschen Haushalte laut dem Arbeitskreis Biomarkt insgesamt 7,6 Milliarden

Euro für Biolebensmittel und Getränke aus. Das waren 7,2 Prozent mehr als im Jahr zuvor. Das Geschäft mit Biolebensmitteln hielt damit seine Dynamik der letzten Jahre aufrecht, wenngleich sich die einzelnen Warengruppen unterschiedlich entwickelten. So profitierten die Verkäufe von Fleischwaren vom reichlichen und häufig günstigen Angebot an Schweinefleisch. Erstmals seit Jahren überstieg bei Bioschweinen das Angebot die Nachfrage. Mengenmäßig ergab sich im Wurstsegment ein Absatzplus von rund sieben Prozent. Die Umsätze im Sortimentsbereich Biogeflügel entwickelten sich hingegen leicht rückläufig, wobei die Menge aber um etwa vier Prozent zulegte. Der Absatz von Rotfleisch schrumpfte um knapp acht Prozent, einerseits bedingt durch das kleinere Rindfleischangebot und andererseits durch den Trend hin zu einer fleischärmeren Ernährungsweise. In allen drei Sortimentsbereichen stellen die Biovarianten mit etwa ein bis zwei Prozent nach wie vor einen vergleichsweise kleinen Anteil am Gesamtmarkt. Mit knapp 14 Prozent Umsatzanteil erzielen Eier eine der höchsten Bioquoten.

Insgesamt entfielen 60 Prozent des Ökoumsatzes auf den Lebensmitteleinzelhandel, 32 Prozent auf den Naturkostfachhandel und neun Prozent auf sonstige Verkaufsstätten, wie Metzgereien oder

Wochenmärkte. (6), (7), [Abb. 2]

Rewe ist Expansionskönig im Lebensmitteleinzelhandel

Der Lebensmitteleinzelhandel hat 2013 laut dem Immobilienspezialisten CBRE seine Marktbedeutung im Vermietungsgeschäft ausgebaut. Mit einem Anteil von 18,2 Prozent rangiert dieser im Handelsimmobiliensegment als zweitstärkste Branche nach Bekleidung und vor der Gastronomie.

Rewe ist nach wie vor der expansivste Lebensmitteleinzelhändler mit insgesamt 111 Anmietungen über alle Vertriebslinien hinweg, 96 davon sind Supermärkte. Die Kölner steuern dabei verstärkt die Innenstädte an. Edeka folgt mit 76 Deals, Aldi an dritter Stelle mit 68. In den Kategorien liegen die Vollsortimenter auch weiterhin vor dem Discount. 48 Prozent aller registrierten Neuvermietungen entfielen auf die Super- und Verbrauchermärkte. Dennoch bleibt der Discount mit einem Anteil von 38 Prozent die größte Einzelgruppe, in der Aldi am expansivsten ist. Stadtteillagen sind zwar weiterhin das wichtigste Expansionsgebiet im Lebensmitteleinzelhandel, ihre Dominanz verringert sich jedoch wegen der zunehmenden Konkurrenz der Einkaufszentren im Nahversorgungsbereich.

Dabei sind neueröffnete Discounter mittlerweile deutlich größer als geplante Supermärkte. Mit 1 236 Quadratmeter liegt diese Vertriebsform weit über den Supermärkten, die im vergangenen Jahr Durchschnittsflächen von nur noch 836 Quadratmeter erreichten. Die Vollsortimenter dagegen geben sich bei City-Standorten sogar mit 600 oder 800 Quadratmeter zufrieden. Der geringere Durchschnittswert bei den Supermarktflächen ist laut CBRE eine Form der Lageanpassung. In den Innenstädten können keine Stand-Alone-Standorte geplant werden, sondern vorhandene Immobilien müssen mit dem richtigen Ladenbau und neuen Sortimentsstrukturen versehen werden. (8)

Deutsche Verbraucher erhöhen ihr Vertrauen in die Lebensmitteleinzelhändler

Edeka genießt laut einer Umfrage des PR-Agenturverbands GPRA und TNS Emnid unter den Lebensmitteleinzelhändlern das größte Vertrauen. Demnach haben neun von zehn Deutschen Vertrauen in Edeka, woran die im Jahr 2005 gestartete Imagekampagne Wir lieben Lebensmittel großen Anteil haben dürfte. Der Wert erhöhte sich Vergleich zur letzten Umfrage 2011 um drei Prozentpunkte.

Mit etwas Abstand, aber auf hohem Niveau folgt Rewe mit 85 Prozent. Der Umfragewerte erhöhte sich um zwei Prozentpunkte. Die in 2013 gestartete Kampagne Besser Leben hat an der positiven Entwicklung als Vertrauensstifter wohl großen Anteil. Auf Rang drei steht nach wie vor Aldi mit 82 Prozent. Gegenüber 2011 legte der Discounter damit um ein Prozent zu. Gut entwickelt hat sich Kaufland, die Handelskette hat sechs zusätzliche Prozentpunkte geholt und kommt nun auf 74 Prozent.

Ebenfalls bergauf geht es für Lidl, Netto und Penny mit einem Zuwachs von jeweils sechs Prozentpunkten und Real mit plus vier Prozentpunkten. Zu Kaisers Tengelmann und Denns gibt es keine Vergleichswerte. Norma verliert als einzige Handelsmarke drei Prozentpunkte, der Discounter kommt nun auf 51 Prozent. (9), [Abb. 3]

Fallbeispiele

Rewe: Kunden sammeln Payback-Punkte

Mit einer TV-Kampagne unter dem Slogan Machen Sie mehr aus Ihrem Einkauf hat der Kölner Lebensmitteleinzelhändler Rewe im März seine Partnerschaft mit dem Kundenkartensystem Payback gestartet. Die Vorbereitung des Rewe-Deals erwies sich als langwierig, da Payback mit dem Gründungsmitglied Real eigentlich schon über einen Partner im Lebensmitteleinzelhandel verfügt und bisher das Prinzip der Branchenexklusivität vertrat. Aber in diesem Fall wogen offensichtlich die Lukrativität des Handelsschwergewichts Rewe für Payback und die Nützlichkeit der Payback-Karte für die Metro-Tochter Real schwerer. Real verzichtete im Frühjahr 2013 zugunsten von Rewe auf seinen Exklusivstatus. (10)

Tegut: überarbeitet das Konzept

Die Schweizer Migros-Genossenschaft baut die deutsche Tochter Tegut mit ihren rund 280 Supermärkten und Nahversorgern um. So senkt Tegut die Preise bei Eigenmarken und Markenartikeln. Auch die Eigenmarke wird gestärkt. Zur Dachmarke Tegut, dem Premiumlabel Vom Feinsten und dem Preiseinstieg Kleinster Preis kommt Tegut Bio hinzu. Zudem wird der Preiseinstieg "Kleinster Preis" mit rund 600 Artikeln ausgebaut. Der Ausbau der Eigenlabels soll im Frühjahr sichtbar sein.

Die Umbauarbeiten kosten erst einmal Umsatz. Tegut verzeichnete 2013 im Zuge von Filialschließungen einen Umsatzrückgang von 1,1 Milliarden Euro auf 977 Millionen Euro netto bei roten Zahlen. Eine gute Nachricht ist, dass sich die Flächenproduktivität um 2,5 Prozent erhöhte. Die Handelsgruppe will bis 2015 den Turnaround schaffen. (11)

Zahlen & Fakten

Abbildung 1: Die Top 10 im deutschen Lebensmitteleinzelhandel 2013 nach Food-Umsätzen

Rang	Unternehmen	Food-Umsatz 2013 in Mio. Euro	Veränderung zu 2012 in Prozent	Gesamtumsatz 2013 in Mio. Euro
1	Edeka-Gruppe (1)	46 086	3,4	50 855
2	Rewe-Gruppe (1)	26 813	2,2	37 113
3	Schwarz-Gruppe (2)	26 000	4,9	32 035*
4	Aldi-Gruppe (2)	21 369	3,6	26 985*

5	Metro-Gruppe (2)	11 037	-2,1	29 727
6	Lekkerland	8 182	2,2	8 449
7	dm	4 604	14,2	5 842
8	Rossmann	4 005	12,1	4 990
9	Globus	2 982	3	4 593
10	Bartels-Langness-Gruppe	2 802	3,6	3 740*

(1) inklusive Außenumsatz des angeschlossenen selbstständigen Einzelhandels (2) veränderte Food-Umsätze aufgrund Neubewertung des Vorjahres * Schätzungen Trade Dimensions Quelle: Trade Dimensions Entnommen aus: Lebensmittel Zeitung, 11/2014, S. 46 bis 47, (12)

Abbildung 2: Umsatz mit Biolebensmitteln in Deutschland in 2013

	Umsatz 2013 in Mrd. Euro	Anteil* in %	Wachstum in %
Naturkostgeschäfte	2,4	32	8,6
Lebensmitteleinzelhandel	4,5	60	6,4
Sonstige	0,7	9	7,8
Insgesamt	**7,6**		**7,2**

* am Gesamtmarkt Quelle: Arbeitskreis Biomarkt
Entnommen aus: Rundschau für den
Lebensmittelhandel, 3/2014, S. 13, (7)

Abbildung 3: So vertrauen die Bundesbürger den
Lebensmittelhändlern

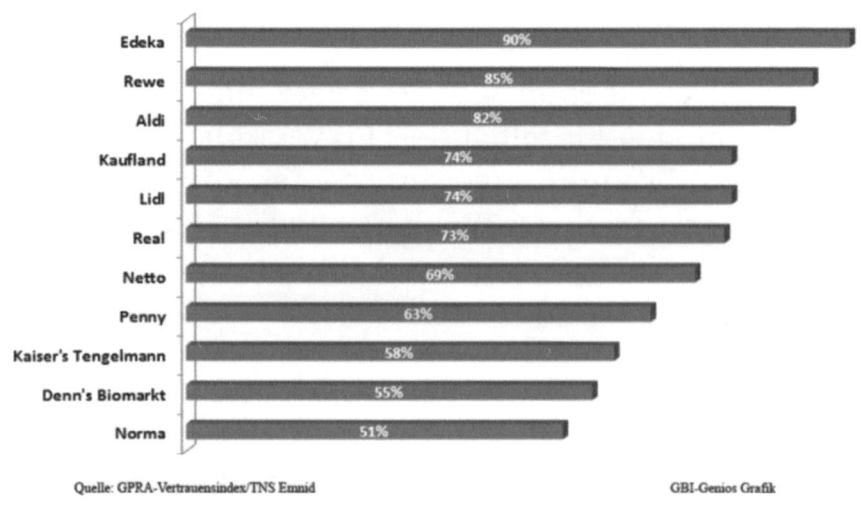

Entnommen aus: afz - allgemeine fleischer zeitung,
47/2013, S. 6, (9)

Weiterführende Literatur

(1) Edeka knackt die 50 Milliarden-Marke
aus www.lebensmittelzeitung.net vom 13.03.2014

(2) Der LEH profitiert von der Kauflust der Deutschen
aus www.lebensmittelzeitung.net vom 03.02.2014

(3) GfK misst überdurchschnittliches Wachstum
aus www.lebensmittelzeitung.net vom 31.01.2014

(4) Aldi erntet Kritik aus der Politik
aus www.lebensmittelzeitung.net vom 17.03.2014

(5) Qualität und Service hoch im Kurs
aus afz - allgemeine fleischer zeitung 08 vom
19.02.2014 Seite 006

(6) Bio bleibt in der Nische
aus afz - allgemeine fleischer zeitung 08 vom
19.02.2014 Seite 001

(7) Der Umsatz mit Bio-Lebensmitteln
aus Rundschau für den Lebensmittelhandel Nr. 03
vom 01.03.2014 Seite 13

(8) Discounter überrunden die Supermärkte
aus Lebensmittel Zeitung 08 vom 21.02.2014 Seite 040

(9) Edeka mit Vertrauensbonus
aus afz - allgemeine fleischer zeitung 47 vom
20.11.2013 Seite 006

(10) Rewe startet in die Payback-Ära
aus afz - allgemeine fleischer zeitung 47 vom
20.11.2013 Seite 006

(11) Tegut startet Neuausrichtung
aus Lebensmittel Zeitung 04 vom 24.01.2014 Seite 004

(12) Schwarz-Gruppe lässt Metro hinter sich
aus Lebensmittel Zeitung 11 vom 14.03.2014 Seite 046
bis 047

Impressum

Lebensmittelhandel - Umsatz steigt, Absatz sinkt

Bibliografische Information der deutschen Nationalbibliothek

Die Deutsche Nationalbibliothek verzeichnet diese Publikation in der deutschen Nationalbibliografie; detaillierte bibliografische Daten sind im Internet über http://dnb.d-nb.de abrufbar.

ISBN: 978-3-7379-5726-7

© 2015 GBI-Genios Deutsche Wirtschaftsdatenbank GmbH, Freischützstraße 96, 81927 München, www.genios.de

Alle Rechte vorbehalten. Dieses Werk ist einschließlich aller seiner Teile – z.B. Texte, Tabellen und Grafiken - urheberrechtlich geschützt. Jede Verwertung außerhalb der Grenzen des Urheberrechtsgesetzes bedarf der vorherigen Zustimmung des Verlags. Dies gilt insbesondere auch für auszugsweise Nachdrucke, fotomechanische Vervielfältigungen (Fotokopie/Mikroskopie), Übersetzungen, Auswertungen durch Datenbanken oder ähnliche Einrichtungen und die Einspeicherung und Verarbeitung in elektronischen Systemen.